放鬆

新雅・成長館

擔心的時候怎麼辦？

學習面對焦慮與放鬆心情

瑞秋・布萊恩　著/繪

潘心慧　譯

再見！

新雅文化事業有限公司
www.sunya.com.hk

新雅・成長館

擔心的時候怎麼辦？
學習面對焦慮與放鬆心情

作者：瑞秋・布萊恩 （Rachel Brian）
繪圖：瑞秋・布萊恩 （Rachel Brian）
翻譯：潘心慧
責任編輯：陳志倩
美術設計：陳雅琳
出版：新雅文化事業有限公司
香港英皇道499號北角工業大廈18樓
電話：(852) 2138 7998
傳真：(852) 2597 4003
網址：http://www.sunya.com.hk
電郵：marketing@sunya.com.hk
發行：香港聯合書刊物流有限公司
香港荃灣德士古道220-248號荃灣工業中心16樓
電話：(852) 2150 2100
傳真：(852) 2407 3062
電郵：info@suplogistics.com.hk
印刷：中華商務彩色印刷有限公司
香港新界大埔汀麗路36號
版次：二〇二一年一月初版

ISBN: 978-962-08-7618-9
Original Title: The Worry (Less) Book: Feel Strong, Find Calm, and Tame Your Anxiety!
Originally published by Little, Brown and Company, a division of Hachette Book Group, Inc.

這本書是給會焦慮的人——
不錯，人人有份！

這本書能夠：

解釋身體對焦慮的反應
我病了？
（沒有）

幫助你辨認焦慮
這就是！

呼……
提供平復心情的方法

這本書不能夠：

告訴你怎樣擔心
那是自然形成的。

拾起你的臭襪子
不要！

使焦慮全部消失
真掃興！

等等，什麼是焦慮？

焦慮是一種
感覺

就像

快樂 或 生氣 或 期望

焦慮就是感到

啊！

擔心、 緊張 或 害怕。

焦慮會在我們面臨威脅時發出警告。

但也會讓我們感到很不舒服！

小心！

謝謝！

危險！

焦慮

啊！

焦慮

4

所以，無論你

對少數事情感到
有點焦慮，

或

對很多事情感到
非常焦慮，

這本書會幫助你

明白你的焦慮

接受它是日常
生活的一部分

找到平復心情的
工具

第 1 章

身體的
警報系統

每個人每日都有好與不好的情緒：

7:00 牙膏擠爆了 哼！
生氣

9:00 朋友！
興奮

1:00 測驗 糟了！
緊張

3:00 足球
自信

而且 **每個人**

有時都會感到焦慮。

我現在就很焦慮！

焦慮就像你體內的警報系統——
警告你有危險。

有時，警報響起是因為大腦**預測**
到某種情況可能有危險。

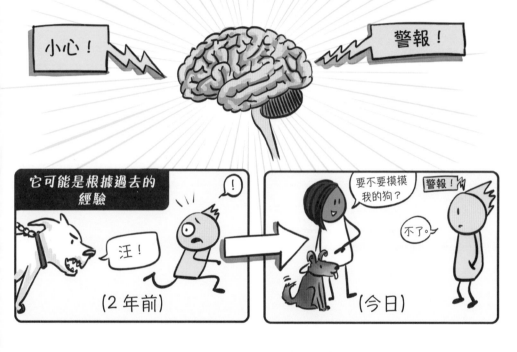

焦慮會以不同的方式出現……
你可能感到：

不自在
（覺得事情不對勁）

恐懼
（害怕有危險）

緊張
（不安、神經過敏、急躁）

擔心
（不停想像以後的問題）

有壓力
（情緒繃緊，難以承受）

驚恐
（突如其來的強烈恐懼）

雖然焦慮似乎不太好，
但某程度的焦慮是有用的：

大腦所做的預測能確保
你的**安全**。

但**過分**焦慮會成為一種障礙：

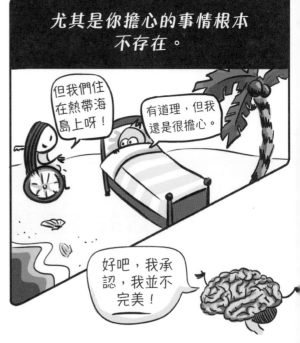

有時候，焦慮是沒有特定對象的，
你不知道自己在擔心什麼。

或者你的焦慮是有原因的，
只是你不確定是什麼。

你無法選擇擔心的事情和時間。

有些人天生比別人多憂慮，或對憂慮有更強烈的感覺。

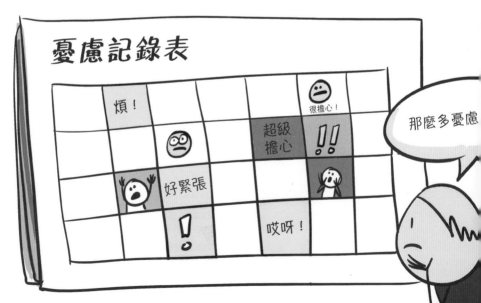

焦慮的程度有高有低。

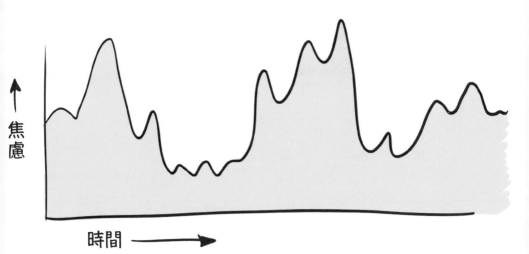

但焦慮的多少卻沒有對錯之分。

你的感受是
真實的！

兒童快訊！

有時候，有些人會突然
感到一陣強烈的焦慮，
我們稱之為**驚恐**。

我試過！

那可能是一種極度
恐懼的感覺。

……

或只讓你感到
身體不適。

啊！
胸口有
點痛！

但不用擔心——
像驚恐這樣的感覺，
即使很強烈，也不
會傷害你的身體。

那只是好多個
我在作怪！

第2章 猜猜我是誰？
是我──焦慮！

如果你不清楚焦慮是什麼，
這感覺會讓你很不安。

但如果你能辨認自己的焦慮，
它就沒有那麼可怕了。

有時候，焦慮會在你的**思想**中呈現，
尤其當你為某件事而擔心。

在一次緊張的經歷後，有些想法更會反覆出現，
而且很強烈，久久不散。

有時候，焦慮會呈現在 **身體的反應**上。

無法集中精神

頭痛

頭暈

臉紅和發燙

或

流汗

發冷和手心冒汗

呼吸困難

心跳加速

胸口疼痛

胃痛

發麻或刺痛感

失眠

發抖

肌肉繃緊

你可能不會有這些感覺，也可能會有其中一種或以上，甚至全部都有！

焦慮對身體的影響

首先，你的身體會分泌
腎上腺素
（一種壓力賀爾蒙）。

它會使你的呼吸
和心跳加速。這是
好的——若你需要
逃離一隻憤怒的
浣熊！

但如果你想靜下心
來，或想睡一覺，
它就不太好了！

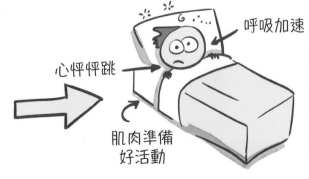

呼吸加速

心怦怦跳

肌肉準備
好活動

18

焦慮會讓你覺得出了 大問題......

在說我嗎？不好意思！

感到焦慮嗎？

是呀！**很可怕！**

這是你身體的自然反應。雖然很難受，但你會沒事的！

我沒事？還好！

不過，要知道這種不好的感覺會隨着時間而消失。

太好了！等等......到底要多久？

啊，我一時正要去吃午餐......

有時候，只要知道焦慮是暫時出現、沒有危險，就會覺得好多了。

我知道我會沒事的。

時間

好多了......

因為最沒有必要的是為**擔心**而**擔心**！

（你不會想困在焦慮的循環中吧！）

人們對焦慮有很多種反應：

你越是能辨認出焦慮……
（在它的各種偽裝之下）

那麼在你準備好的時候，
就越能夠面對它。

兒童快訊！

> 如果焦慮是與生俱來和有用的，為什麼我會有那麼多沒用的擔憂？

原因是，雖然上天賦予生物許多很棒和有用的適應能力，例如：

能看見真好！

眼睛

我很可愛，而且暖洋洋的！

身上軟毛

我會開罐頭！

對生拇指

但有些卻會帶來麻煩：

呆住了！

野鹿在公路上的反應

哎喲！我的盲腸很痛！

盲腸

不好了！我又飛向那根蠟燭！

飛蛾撲火

所以⋯⋯是的，焦慮是與生俱來的，但這也可能成為一種挑戰。

第**3**章 焦慮會擋路

現在你已知道怎樣**辨認**焦慮了。

（做得好！）

是時候看看焦慮有沒有

擋住你的路。

怎樣才知道焦慮有沒有造成問題？

問問你自己：
我在做自己很想做的事嗎？

不好了……焦慮擋住你了。

做得好！沒給它擋住。

哎！它肯定擋住你了。

你真棒！它沒能擋住你。

如果你經常感到十分焦慮，
就不容易做到你想做的事。

焦慮可能會影響你的

睡眠

27

若想知道焦慮是否對你造成問題，最好的方式就是看看你在

逃避什麼。

若你逃避的事情是：

我現在沒有發燒，但我覺得快要發燒了。

上學

我們必須談一談。

困難的對話

不要。

看！有派對!!

社交

那麼你大概是非常焦慮。

放屁派對

關於「假如」的小漫畫

有時想像中最壞的情況，事實上也沒什麼大不了。

第 **4** 章 心情很糟糕？好好照顧自己！

如果焦慮令你情緒低落，
也許你需要一些工具，
幫助自己平靜下來，
擺脫困境。

把這些工具放進你的
焦慮工具箱。

是這些嗎？

啊，不是真的工具！

而是一些能幫助你在焦慮時放寬心的方法！

好主意，這邊！

從**基本**做起。

有時候，你心情很不好。

但有些方法可能對你有幫助。

你的身體
就像一個
盆栽。

像嗎？

是的。

如果你好好照顧一棵植物，
它就會生長得很好：

水

陽光

好舒服！

肥沃的
泥土

合適的
花盆

如果不好好照顧，
它就會枯萎。

好口渴！

你的身體也是這樣。

身體也需要一些基本的東西，才會有好的感覺。
若沒有這些東西……

怎樣做才會心情好，
這是因人而異的。

但心情不好時，你可以問問自己：

如果我花點時間做以下事情，心情會不會好些？

科學
小知識

為什麼這些簡單的事情有時會有幫助？

警報！

當你感到疲倦、飢餓、口渴、太熱或太冷時，身體就會察覺到有些不妥。

這會觸發大腦的警報系統。

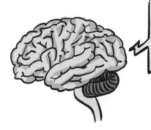

開始進入緊張狀態！

好多了！

如果你能讓身體舒適一些，有時大腦也會放鬆下來。

虛驚一場？太好了！我們放鬆一下吧。

通緝令

疑犯涉嫌使焦慮惡化

咖啡因　　　過多糖分　　大量屏幕時間

小心提防！此黑幫臭名遠播！

獎賞

凡避免與歹徒接觸者，
將獲得更加**放鬆**的感覺。

好吧，如果這些方法你都嘗試過，
卻**仍然**覺得焦慮⋯⋯

是時候找一些特定工具，
幫助你平復心情和放鬆。

第**5**章 訓練你的大腦

坐下，別動！真乖！

是的，其實我們無法真的
控制大腦。

大腦，把關於內衣的尷尬事件忘掉。

不要。

馬上停止焦慮！

不。

我只要快樂的情緒！

不同意。

正如你無法控制很多身體的運作。

立刻停止消化。

不要流汗！

但如果你深陷在焦慮之中，有些方法或許能幫助你的思想和身體恢復**平衡**。

你可以把這些方法放進**焦慮工具箱**。

有的是讓你在焦慮時平靜下來，有的是讓你保持積極的態度和提高適應能力。

工具 1 ：呼吸

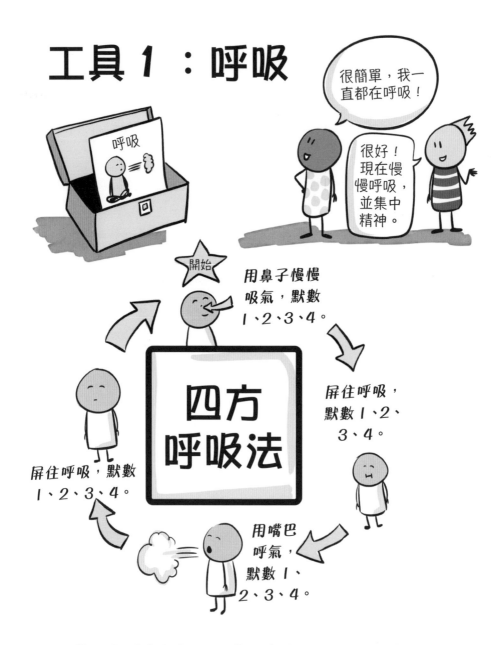

集中精神，感受每一下呼吸。

焦慮
就像
油門。

呼吸加速

分泌腎上腺素！

心跳加速！

更加緊張不安

慢呼吸
就像
剎車器。

好多了。

刺激體內的
迷走神經
（這是好的！）

心跳慢下來

平靜和放鬆下來

工具2：讓身體「接地氣」

開始 → 用視覺去注意 **5** 樣事物。

例如：
- 窗戶
- 黃色地毯
- 我的雙手
- 蒼蠅
- 舊膠布

用味覺去注意 **1** 樣事物。

- 今天的三文治（吞拿魚！）

用嗅覺去注意 **2** 樣事物。

- 鉛筆
- 我的褲子（好臭！）

- 枕頭
- 我腳下的地面
- 空氣
- 同一塊舊膠布

用觸覺去注意 **4** 樣事物。

- 蟋蟀
- 我的呼吸
- 有人在打嗝

用聽覺去注意 **3** 樣事物。

背後原理

焦慮的時候，頭腦可能會很混亂，或產生不安的念頭。

專注在自己的身體和感官上，可以讓頭腦有機會冷靜下來。

謝謝你讓我休息一下！

工具3：焦慮記事簿

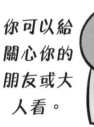

把你擔心的事情
全部記下來。

你可以給
關心你的
朋友或大
人看。

你也可以計
劃過一陣子
再正視自己
的焦慮，有時
這樣做可以
幫助你放鬆。

背後原理

正視自己的焦慮，它們就
沒有想像中那麼可怕了。

你好。

嗨！

43

工具4：
放鬆肌肉

1 躺下來，
慢慢地呼吸。

2 從腳趾開始──

用力向下彎曲
10秒。

然後放鬆腳趾
10秒。

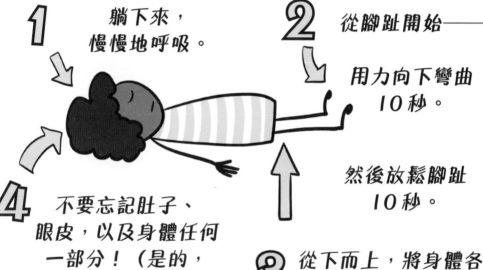

4 不要忘記肚子、
眼皮，以及身體任何
一部分！（是的，
甚至是屁股！）

8 從下而上，將身體各
部分肌肉繃緊10秒，
然後放鬆。

背後原理

焦慮的時候，肌肉通常會繃得緊緊的。
這個活動可以讓每個肌肉羣放鬆。

工具5：視覺化

如果腦海中有很多令你感到不舒服的念頭，嘗試想像自己處於一個很放鬆的地方吧。

你看見到什麼？

你聽見什麼？

你感覺到什麼？

你聞到什麼？

背後原理

你在想像某件事時，大腦就會以為那是真的。想着一個令人放鬆的地方，也能幫助大腦放鬆下來。

45

工具6：
挑戰負面思想

大腦想的⋯⋯不一定都是真的。

我告訴你，我們完蛋了！完蛋了！

我們沒事，真的！

所以每當負面思想出現時，你可以問自己兩個問題：

1 事情發生的可能性有多高？

2 最壞的情況會怎樣？我該怎麼處理？

背後原理

你若知道擔心的事不太可能發生，或者知道不管情況怎樣，你都有辦法應付，就可以減低焦慮的程度，讓你更有自信。

以上 **6** 件工具應該可以在你感到焦慮時幫助你脫困。

另外，這裏還有一些每日都可以使用的工具！

每天運動 30 分鐘，有助身體處理焦慮。

7

8 跟關心和支持你的人傾訴。

暫時遠離電子屏幕，享受大自然，或純粹放鬆一下。

9

指的是舒適圈啊！

舒適圈就是你生活中熟悉、放鬆的那部分。

啊，真舒服！

有些人的舒適圈很大：

有些人的舒適圈很小：

跟小狗玩　看電影

學習新技能

探索

嘗試新食物

結交新朋友

交流意見

我認為……

不管怎樣，踏出你的舒適圈，嘗試一些精彩的新事物，生活會變得更有趣和充實的！

踏出舒適圈會令你覺得不舒服。

但利用工具箱裏的工具，
可以幫助你踏出那一步。

擴大舒適圈的最佳方法……

就是做一些讓自己**不舒服**的事情。

因為一件事情做的次數越多，大腦和身體就越能適應。

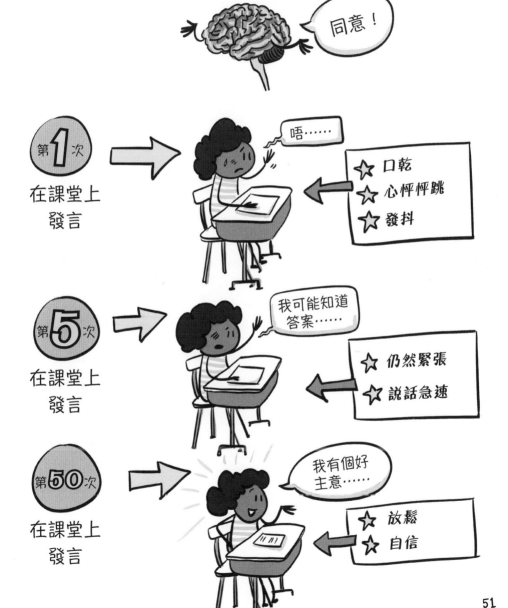

你越能夠克服
不舒服的感覺，

這件事很困難，但我努力過，也成功了！我感到很自豪。

就越能夠在大部分時間活得舒服自在。

自信
滿滿

狗狗哈菲

小漫畫

狗狗哈菲很滿足。

牠很喜歡靠在主人身上睡午覺……

吃點心……

還有享受肚皮按摩。

但有一件事哈菲很不喜歡……

就是戶外活動！

不不不不！

快點！

戶外充滿了讓哈菲擔心的事情……

啊！

倒在一旁的花盆

！

？

垃圾桶

牠們肯定看不見我！

？

其他友善的狗

有一天，哈菲被一棵在風中搖動的植物嚇倒。

但每日哈菲都會出門去……（狗狗總要小便的）

我要出門了！

即使牠很害怕。

這濕答答的是什麼東西？

牠四處探索。

唔……好香！

牠開始不那麼害怕了。

當然，有時仍會害怕。

看不到，看不到。

但沒關係，因為有時牠一點都不害怕。

嗨！野草！

牠的舒適圈大了些。

唔……我好像吃了一隻蜜蜂！管它的。

又大了些。

哈哈！

牠終於可以盡情享受美好的狗狗生活了！

完

第 **7** 章 在失敗中前進

很多事情都會引起焦慮，但往往有一個相似的根源——

害怕 **失敗**。

問題是，通常你必須經歷

很多次 失敗，

才能做到某件事。

第一個字	第一步	第一次綁鞋帶	第一次打籃球

冒　險

在學習和成長的過程中，有時你必須願意冒險。

冒險？聽起來很不安全！

不是危及生命的那種冒險。

（切勿拿着魚頭，蒙住雙眼，和鯊魚一起游泳啊！）

而是安全的，但一開始會讓你感到緊張的那種冒險。

嘗試新食物

學習新語言

上舞蹈課

學騎單車

很多人想讓生活看起來很
完美……
（尤其在網上）

♥ 750

♥ 1,025

一分鐘後……

噗

哎呀！

嗒！

啊！

但生活中也有很多困難、焦慮、傷心和
尷尬時刻。

這些我肯定不會
放到網上！

為什麼大家都不多提到
失敗？

原因是，有時在一堆
焦慮底下，有個大大
的擔憂。

只要往下挖，你就
會找到。

我夠
好嗎？

好消息是：

你只需要做自己。

即使你只有一個讚，而且是媽媽給的；

或某次測驗成績不好；

或犯了一個錯誤。

人本來就不完美。

想像一下，假如你很完美，那豈不是很沒趣嗎？

放下完美的標準可以減少焦慮。
每當你遇到……

事情不順利

有人生你的氣

為過去或將來擔憂

假如……

記住這點可能對你有幫助：困難只是生活中的一部分！你依然活得好好的。

分數不代表我，我只需要更多練習。

有時我會出錯，但我們可以一起解決問題。

擔心是人之常情，我也可以想一些值得感恩的事情。

第**8**章　尋求支援

我來幫你！

如果你的焦慮太大，自己處理不了，千萬不要憋在心裏！

有人可以幫助你。

治療師

心理醫生

能開藥的醫生

還有很多提供兒童輔導服務的機構：

我需要一點幫助才能學會使用這些工具，不過沒關係的！

機構
社會福利署
香港小童羣益會
香港明愛家庭服務

兒童快訊！

不是每個人都能理解他人的焦慮⋯⋯

有些人可能會不耐煩、取笑你，甚至生氣。

如何給予支持

★ 只聆聽，不批評

★ 嘗試理解

★ 問對方想要什麼幫助

要記得，焦慮只是你生活中的一小部分。

我有些焦慮，不過……

- 我是一個忠誠的朋友。
- 我很會做芝士三文治。
- 我喜歡玩滑板。
- 我有一本精彩的畫簿。
- 我對自己有信心。

即使感到焦慮，你還是可以很勇敢的。

勇敢 不代表沒有恐懼

或焦慮⋯⋯

勇氣可以說是去做你認為
重要的事，即使感到焦慮。

你所克服的每一
個挑戰，無論大
小，都會使你更
堅強和自信。

★ 鳴謝 ★

感謝Lorenzo Battaglia，他對焦慮的世界有着精闢的個人見解，分享了許多具有創意的想法，他的細心閱讀和意見對我來說十分寶貴。

感謝編輯Lisa Yoskowitz為我凌亂的初稿所做的一番修飾，使之更易於閱讀。謝謝你的辛勞，竭力使這本書成為能幫助兒童的有用資源，你的付出使它更臻完善。

感謝Laura Horsley睿智的意見，並且賦予本書貼切的書名。

感謝Laura Westberg的深切理解和敏銳思維，在我一邊吃香煎大蕉，一邊在餐巾上構思時，給了我及時的幫助。

感謝我聰慧的妹妹，不時讓我借用她的大腦和洞察力。

感謝Karina Granda和Hachette的出版團隊，讓這本書最終能以這麼美麗的形式呈現。

感謝Molly Ker Hawn，這位無與倫比的經理人總是那麼出色。

Elizabeth Cohen博士是認知行為的專家、出色的臨床心理學家、富有洞察力的醫者。感謝你當我的專家讀者，給予極好的意見，並提出對兒童重要而有用的方法。

John P. Forsyth博士在接納與承諾療法（Acceptance and Commitment Therapy，簡稱ACT）方面的著作給了我很大的啟發。謝謝你願意閱讀本書，並從ACT的角度提供有用的意見。你在著作中提出不與焦慮搏鬥，是本書一個重要和有力的依據。

註冊獨立臨床社會工作者Angela Runder憑直覺便能理解兒童面對焦慮的反應。感謝你細心閱讀本書，並提供意見。

感謝Julie Talbutt四十年來的友誼。認識你真好！

Lola Battaglia和Milo Battaglia提出很多關於焦慮對兒童帶來不同影響的看法。謝謝你們在我書寫過程中對我的耐心。（抱歉，每次只請你們吃意大利薄餅！）

感謝Mike Araujo一方面鼓勵我，另一方面也讓我放輕鬆，幫助我找到埋頭寫書時所需的平衡和平靜。

瑞秋・布萊恩 (Rachel Brian)

有時候會感到焦慮，但她並不在意，因為焦慮只是生活的一部分！她是藍椅子工作室的創辦人、持有人和首席動畫師，以 *Tea Consent* 和 *Consent (For Kids!)* 這兩部作品而知名。瑞秋本身是一名畫家，但她也曾擔任研究員和老師。她與伴侶育有多名子女和飼養多隻小狗，現在居住在美國羅德島州。